A palindrome is a
word, verse,
sentence or number
that reads the
same backward and
forward.

Dedicated to all my
Hebrew students
throughout the
years.

Mom

Dad

pup

peep

Bob

WOW

noon

N is for...

noon

pop

bib

eye

racecar

taco cat

שֶׁמֶשׁ

סוס

לול

שֵׁשׁ

שֹׁרֶשׁ

11

תות

תחת

שלוש

אַבָּא

אמא

פלינדרום הוא מילה, פסוק
משפט או מספר שקורא את
אותו דבר אחורה וקדימה

מוקדש לכל תלמידי העברית
לאורך השנים